Erleben Sie
GRAAL-MÜRITZ
FISCHLAND, DARSS
ZINGST

Text von Richard Christ
Fotos von Ulf Böttcher
Übersetzung ins Englische von
Patrick Plant

HINSTORFF

OSTSEE

DARSSER

WESTSTRAND

DARS

BORN

BODDEN

KO

AHRENSHOOP

ALTHAGEN

NIEHAGEN

WUSTROW

BARNSTORF

F I S C H L A N D

SAALER BODDEN

Saal

DIERHAGEN
STRAND

DIERHAGEN
DORF

NEUHAUS

DIERHAGEN

Dändorf

105/E22

RIBNITZER SEE

DAMGARTEN

GRAAL –
MÜRITZ

MÜRITZ

GRAAL

Klocken-
hagen

RIBNITZ

RIBNITZ –
DAMGARTEN

RECKNIT

ROSTOCKER HEIDE

Altheide

Gelbensande

WARNEMÜNDE

Rövershagen

105/E22

ROSTOCK

A1

NATIONALPARK VORPOMMERSCHE BODDENLANDSCHAFT

EROW

ZINGST

Müggenburg

GROSSER WERDER

BOCK

ZINGST

SUNDISCHE WIESE

Pramort

VIECK

GROSSE KIRR

OIE

AUE

Bresewitz

GROSSE WIEK

BODSTEDTER BODDEN

BARTHER BODDEN

GRABOW

Bodstedt

Planitz

BARTH

STRALSUND

BARTHE

Löbnitz

105/E22

Burgwallsee

194

VELGAST

Legende

0	2,5	5	7,5	10 km

Ortschaft

Nationalparkgrenze

Bundesstraße

Wald

wichtige Land- oder Ortsstraße

See/Fluß

Eisenbahn mit Bahnhof

Moor

C.T.

Titelbild: Ahrenshoop, Kunstkaten
Rücktitel: Küste bei Ahrenshoop

Die Deutsche Bibliothek – CIP-Einheitsaufnahme
Erleben Sie Graal Müritz, Fischland, Darss, Zingst / Text von Richard Christ.
Fotos von Ulf Böttcher
Übers. ins Engl. von Patrick Plant. - 1. Aufl. - Rostock :
Hinstorff, 1999
ISBN 3-356-00815-3

© Hinstorff Verlag GmbH, Rostock 1999
1. Auflage 1999
Druck und Bindung: Salzland Druck Gmbh & Co. KG
Printed in Germany
ISBN 3-356-00815-3

Beflügelt von der Unternehmungslust der Jugend, hatte ich mir ein ausgefallenes Sammelgebiet gesucht – Küstenstriche und Meeresbäder. Meine Kumpane sammelten in der Zeit Briefmarken oder Haarlocken ihrer Freundinnen. Vollständigkeit war bei meiner Sammlung selbstverständlich nicht angestrebt, ja schlechthin unmöglich – die Zahl der Küsten ist zu groß für ein Menschenleben. Eine stattliche Kollektion kam im Verlauf der Jahrzehnte aber doch zusammen, paradiesische Strände, Traumküsten: adriatische, mittelmeerische, karibische, afrikanische, und erst die Palmenstrände Indiens, die Malabar-, die Koromandelküste, die Hippistrände von Goa … Glückvoller Zustand: immer unter blauem Himmel, nie Regen, Bäder im heißen Sand, die Haut abgespült in der Brandung salziger Ozeane, deren Temperatur fast auf dreißig Grad steigt.

Sonderbar aber – stets machte sich in den warmen und Tropenparadiesen ein Gefühl bemerkbar, nenne ich es Heimweh, Sehnsucht, ein Verlangen nach dem kühleren, rauhen Norden. Nach dem harschen Wind auf Hiddensee, nach der Brandung vor Prerow Weststrand, nach einem Meer, das kaum siebzehn Grad hat im Hochsommer; jedes Schwimmen kostet Überwindung, man entsteigt dem kalten Meer wie mit Glasgelenken, zerbrechlich, die Kälte hat die Geschmeidigkeit ausgesogen, der Wind reißt an der nassen Haut, die sich wie frottiert rötet. Kein wohliges Ächzen unter steil stehender Sonne, hinterm Windschutz muß man aushalten,

die Sonne nimmt einen flachen Bogen am bewölkten Himmel, gegen drei am Nachmittag packt man die Badesachen ein, weil es dann ungemütlich wird … Unerklärlich – in keinem Jahr möchte ich diese unwirtliche Küste missen.

Palmenstrände, Tropensonne, Samtnächte, soll alles sein – aber ein Jahr ohne Ostsee, ohne das „Paradies unterm Wind", ist kein gelungenes Jahr …

Es begann in einem Sommer kurz nach dem letzten verlorenen deutschen Krieg. Mit einem klappernden Fahrrad fuhr ich von Mitteldeutschland Richtung Norden. Ich, der gebürtige Binnenländer, wollte das Meer sehen: Es wurde – nach anderen Sammlerkriterien – die erste und allerkostbarste Haarlocke meiner künftigen Sammlung, die blaue Mauritius. Wenige Kilometer nach dem Start brach das linke Pedal weg, der Achsstumpf blieb erhalten und grub, je weiter die Tour Richtung Norden führte, eine Rille in meinen Igelitschuh, ich verfluchte das neumodische Ersatzgelump und wünschte mir Lederschuhe an die Füße. Als die Reibungswärme bereits auf der Fußsohle zu spüren war, fand ich in einer Schmiede in Mecklenburg Hilfe, ein geschwärzter freundlicher Schmied grub aus einem Schrotthaufen ein brauchbares Pedal. Und weiter fuhr ich, immer Richtung Küste. Hinter Barth stemm-

Folgende Seiten: Strand bei Zingst

te ich mich gegen den Wind, in dem ich schon Salz zu schmecken und zu riechen glaubte.

Nie vergesse ich, wie ich dann zum ersten Mal der See begegnete. Das war in Zingst. Ich fuhr die Strandstraße hinauf, sie führte mit einem sanften Knick in einen Düneneinschnitt, der Wind blies jetzt noch kräftiger, und nun war das Salz keine Wunschvorstellung mehr. Plötzlich verließ mich alles, was mich bisher umgeben hatte – das Land, auf dem ich meine jungen Jahre bisher gelebt, verlor sich, achtlos ließ ich es hinter mir versinken, ohne mich mit Bedauern umzusehen, denn hier, vor mir, eröffnete sich etwas Neues, das mich von nun an verzaubern sollte, ein Leben hindurch und bis heute, etwas Elementares, der erste Anstoß für meine ausgefallene Sammlung, ein Ereignis, in dessen Mysterien ich doch längst eingeweiht war durch meinen Dichter-Freund, den Spötter Harry Heine, der einst aufgeschrieben hatte, als er an die See kam (ich meine, es war aber die Nordsee): „Oft wird mir sogar zu Mute, als sei das Meer meine Seele selbst, und wie es im Meere verborgene Wasserpflanzen gibt, die nur im Augenblick des Aufblühens an dessen Oberfläche heraufschwimmen, und im Augenblick des Verblühens wieder hinabtauchen, so kommen zuweilen auch wunderbare Blumenbilder aus der Tiefe meiner Seele und duften und leuchten und verschwinden wieder …" Genau so empfand ich, und stand auf der Düne, auf den Fahrradlenker gestützt, stand und schaute und suchte mit den Augen nach einer Begrenzung dieser mit unsichtbarer, unerschöpflicher Kraft bewegten blaugrünen donnernden Erscheinung. Ich hätte bis in die Dunkelheit stehen und das nimmermüde Anrollen der Brandung verfolgen mögen, aber plötzlich tauchte eine weiße Mütze neben mir auf: „Fahrräder up de Dün sind aber s-treng verboten, min Jong!" Da schreckte ich aus meiner meeresbewundernden Versunkenheit auf und wußte, wie fest man in einem Land und seinen Vorschriften und Verboten verwurzelt ist.

Zingst war also der Ort meiner ersten Bekanntschaft mit der Ostsee. Hier hat eine Dichterin gelebt, ihr Grab ist auf dem Ortsfriedhof zu finden, sie starb verarmt und vereinsamt zu Beginn des Zweiten Weltkriegs. Martha Müller-Grählert hat das über ihre Heimatküste hinaus bekannte Lied gedichtet: „Wo die Ostseewellen trekken an den Strand …". Man muß dieses Lied auf Platt gesungen hören. Der niederdeutsche Dichter Klaus Groth (er schuf die Grundlage der plattdeutschen Rechtschreibung) hat den Dialekt der Küsten liebevoll „die vollkommenere der beiden Schwestern" genannt. Der Satiriker Kurt Tucholsky vermutete ursprünglich, man rede an der Küste plattdeutsch, „um bei den Preisangaben durch mangelhafte Verständigung mit dem hochdeutschen Kurgast gedeckt zu sein". Später war Tucholsky nachsichtiger: „Das

Plattdeutsche kann alles sein: zart und grob, humorvoll und herzlich, klar und nüchtern und vor allem, wenn man will, herrlich besoffen." Ein Literat namens Eduard Beuermann stellte kennerisch fest, Platt sei „weich und mild und voll und reichhaltig wie der Busen einer Säugamme", allerdings bemängelte er das Fehlen „jedes großen Momentes".

Das Land an der Ostsee, wo Platt gesprochen und verstanden wird, hat seine Geschichte, aber es wurde seit je als ein bißchen schlafmützig dargestellt. Seine Bewohner, die „Fischköppe", galten nicht als hellwach, dagegen als bedächtig, wortkarg. In Mecklenburg gehen die Uhren nach, hieß es, und Bismarck wird ein – nie belegter – Ausspruch zugeschrieben: „Wenn die Welt untergeht, ziehe ich nach Mecklenburg, dort geht sie fünfzig Jahre später unter."

Fritz Reuter, neben Groth der überregionale Platt-Autor, hat „De Urgeschicht von Meckelnborg" verfaßt. Paragraph eins des „Landesvergliks" heißt: „Allens bliwwt bi'n Ollen." Und so beginnt Reuters Schöpfungsgeschichte:

„As uns' Herrgott de Welt erschaffen ded, fung hei bi Meckelnborg an, un tworsten von de Ostseesid her, un makte dat eigenhändig fahrig ... un schön is't in'n Ganzen worden, dat weit jeder, de dorin buren is ... un wenn en frömd Minsch 'rinne kamen deiht, un hei hett Ogen tau seihn, denn kann hei seihn, dat unsern Herrgott sin Hand up Wisch un Wald, up Barg un See sülwst rauht

hett un dat hei Meckelnborg mit in't Og fat't hett, as hei sach, dat allens gaud was ..."

Das langsame, schwerblütige Küstenland hat in jüngster Zeit manche Eingriffe in seine überlieferten Strukturen hingenommen, ohne sich aus dem Gleichgewicht bringen zu lassen. Nach dem Zweiten Weltkrieg blieb Vorpommern deutsch, es wurde im August 1945 auf sowjetische Verfügung mit Mecklenburg vereint. Knappe zwei Jahre gab es dieses Mecklenburg-Vorpommern, dann fiel der Namensteil hinterm Bindestrich weg, wohl mit Rücksicht auf die Bewohner des nunmehr polnischen Hinterpommern. Als die DDR die Länder auflöste, zerfiel Mecklenburg in die Bezirke Rostock, Schwerin und Neubrandenburg.

Erst 1990 wurde das Land Mecklenburg-Vorpommern wiedergeboren, ein wenig kleiner war es geworden, übrigens nach dem Zusammenschluß zunächst das einzige Bundesland ohne Wappen. Der vorpommersche Greif, de Vagel Grip, wollte sich vom mecklenburgischen Stier nicht verdrängen lassen. Im kleinen Staatswappen paradieren jetzt Stier und Greif einträchtig beieinander. Es gibt auch ein großes Wappen, worin der Stierkopf zweimal mit gebleckter Zunge erscheint, einmal fürs ehemalige Mecklenburg-Schwerin, zum andern für Mecklenburg-Strelitz, dazu der pommersche Greif, und im vierten Feld hat sich Brandenburgs roter Adler, den wir vom Lied als hochsteigend kennen, niedergelassen; er soll „die jahrhundertealte schicksalhafte Verbindung zwischen

Graal-Müritz, Büdnerhaus in der Ribnitzer Straße

Graal-Müritz, Windmühle

Pommern und Brandenburg" symbolisieren. Die Ornithologen aber belehren uns, es handele sich bei Brandenburg nicht um den Adler, vielmehr um die Gabelweihe, den roten Milan, auch Königsmilan (Milvus regalis Brisson).

Geographen unterteilen die schmale Landzunge in der Mecklenburger Bucht in Fischland, Vorder- und Hinterdarß sowie den Zingst, ursprünglich alle drei selbständige Inseln. Für mich ist das Gebiet in Erlebniszonen unterteilt. Die erste – wie erzählt – war Zingst, wo ich bald nach meiner Ankunft erfrischende Seebäder nahm – nun erst zeigte sich der Vorteil der Igelitschuhe: man konnte sie im Wasser anlassen wie Badeschuhe, und zu putzen brauchte man sie auch nicht. Zingst war gewissermaßen die erste Haarlocke in meiner Sammlung, für immer auf einem unanfechtbaren Ehrenplatz. Über Wustrow näherte ich mich anderen.

Hier hat das Fischland seine schmalste Stelle, man überblickt See und Bodden zugleich. Im vierzehnten Jahrhundert wollten die Ribnitzer dem mächtigen Rostock seefahrerisch Konkurrenz machen, sie durchstachen die Landenge am Saaler Bodden, um direkten Zugang zur See zu haben, doch die Rostocker duldeten es nicht. Sie beluden alte Schuten mit Sand und Gestein, die sie in der Durchfahrt versenkten. Aber den Drang der Fischlandbewohner zur Seefahrt vermochte nichts abzuschwächen. Ein Dorf-schulmeister namens Cyrus aus Althagen, einer Wustrow benachbarten Siedlung, gab schon Ende des 18. Jahrhunderts Unterweisungen in Mathematik und Navigation. Käthe Miethe berichtet in ihrem Fischland-Buch: „Dann nahmen ... einige alte Kapitäne die Sache in die Hand. Sie erteilten den jungen Fischländer Seeleuten in der Winterruhe Unterricht und brachten ihre Schüler so weit, daß sie im Amtshaus in Ribnitz die vorgeschriebene Prüfung ablegen konnten ... Die Kurse der alten Schiffer entwickelten sich allmählich zu einer kleinen privaten Seefahrtsschule, aus der 1846 die Großherzogliche Navigationsschule hervorging, ... mit der Wustrow sich in unserem Jahrhundert großen Ruf erwarb."

Einem Lehrer an dieser berühmt gewordenen Einrichtung, C. I. Peters, verdanken wir übrigens eine exakte Beschreibung (1862), an die die Schriftstellerin Käthe Miethe erinnert: „Zum Fischland gehört ... nur der kleine Bereich zwischen den Wasserarmen des alten Wustrower Hafens und des Darßer Kanals. Es gehören weder die Ribnitzer Stadtwiesen dazu, auf denen sich dann das Ostseebad Ribnitz einrichtete, noch die Dörfer Dierhagen und Dändorf, auch nicht Ahrenshoop. Vor allem nicht Ahrenshoop. Die Ahrenshooper nahmen es allerdings mit dieser Grenze nicht immer so genau, aber den Fischländern war gerade diese Grenze Herzensangelegenheit und eine Gesinnungssache, für die Peters ihnen die nötigen Unterlagen an die Hand gab ..."

Zur Entwicklung Wustrows nach der gleichen Quelle: Das Dorf wurde „zielbewußt von seinen Bewohnern zu einem Badeort ausgestattet, obwohl die alten Schifferfamilien anfangs wenig Meinung dafür hatten, ihre Häuser Fremden aufzutun und zu vermieten. Doch man wußte keinen anderen Rat, dem absinkenden Wohlstand des Dorfes, den der Wandel im Schiffahrtswesen verursacht hatte, entgegenzuwirken …"

Die Seefahrtsschule, zur Ausbildung von Kapitänen und Schiffsfunkern, wurde zu DDR-Zeiten auf 300 Studienplätze ausgebaut. Mein Binnenländerherz schlug jedesmal höher, wenn ich bei der Einfahrt in Wustrow das auf dem Trockenen stehende Segelschiff erblickte, auf dem die angehenden Seebären in die Wanten kletterten.

Die zweite Locke meiner Ostsee-Sammlung also: Ahrenshoop, wohl der bekannteste und berühmteste Ort der Landzunge. Dort war immer Kunst und Eleganz daheim, sobald es Seebad wurde – das westlichste in Vorpommern, die Grenze zu Mecklenburg verläuft mitten durch den Ort, durch die Grenzstraße.

Seine Entdeckung verdankt Ahrenshoop der bildenden Kunst. Länger als hundert Jahre ist es her, daß zwei Maler, Paul Müller-Kaempf und Oskar Frenzel, von Wustrow her in ein Fischerdörfchen kamen, das wegen seiner Armseligkeit von manchen auch „Poverdörp" genannt wurde. Die Maler freilich sahen nicht das Schwarz-Weiß der sozialen Verhältnisse – die Ungestörtheit, das Paradiesische entzückte sie. Müller-Kaempf erzählt:

„Im Spätsommer 1889 hielt ich mich mit meinem Kollegen, dem Tiermaler Oskar Frenzel, in Wustrow auf dem Fischlande auf, um zu malen. Gelegentlich einer Wanderung am Hohen Ufer lag plötzlich, als wir die letzte Anhöhe erreicht hatten, zu unseren Füßen ein Dorf: Ahrenshoop. Wir hatten von seiner Existenz keine Ahnung und blickten überrascht und entzückt auf dieses Bild des Friedens und der Einsamkeit. Kein Mensch war zu sehen, die altersgrauen Rohrdächer, die grauen Weiden und grünen Dünen gaben dem ganzen Bilde einen Zug tiefen Ernstes und vollkommener Unberührtheit … Kein Drahtzaun, keine Reklametafel … Die Dünen gekrönt von uralten Weißdornbüschen, Stechpalmen und wilden Rosen. Das war ein Studienplatz, wie ich mir immer gewünscht hatte …"

Müller-Kaempf gründete in Ahrenshoop eine Malschule, es blieb nicht die einzige. Da Frauen an den Kunstakademien des Kaiserreiches nicht zugelassen waren, nahmen viele ihre Chance im Norden wahr.

Käthe Miethe, die ihr Leben auf dem Fischland verbracht hat, meint, daß der Ruhm der Entdeckung Ahrenshoops einer Frau zufallen müßte, Eva Stort: „Vor allem wird ihr ein Bart nachgesagt, weswegen sie als ein verkleideter Mann galt … Sie ließ einen Dorfjungen in einer aufgeschlitzten Hose auf den Hohen Ufer Modell stehen

Dierhagen, Strand

Wustrow, Seebrücke

und bezahlte ihm 15 Pfennig dafür. Und sie hatte durchaus das Verlangen, in die Ostsee zu steigen. Zu diesem Behufe ließ sie sich … aus Rohr eine kleine Hütte bauen, in deren Schutz sie sich aus- und ankleidete …"

Ahrenshoop bekam seine Künstlerkolonie, meist waren es Landschafter, die der Freilichtmalerei anhingen. Berühmte Namen sind mit dem Ort verbunden: Erich Heckel, Max Pechstein, Alexej von Jawlenski, Fritz Koch-Gotha zum Beispiel. Ein ins Ideologische zielendes Credo hatten die Ahrenshooper nicht, wie etwa ihre Worpsweder Kollegen, deren Ehrgeiz übers Künstlerische hinaus griff. So zerfiel mit dem Ersten Weltkrieg die Künstlerkolonie auf dem Fischland. Müller-Kaempf wurde die Inflation zum Verhängnis, er fristete sein Leben mit dem Verkauf handgemalter Ansichtskarten in Graal-Müritz.

Ahrenshoop verlor aber nie seine Anziehungskraft auf Künstler. Der Bildhauer und Graphiker Gerhard Marcks zum Exempel zog sich hierher zurück, als ihm die Nazis seine Professur an der Kunstgewerbeschule Burg Giebichenstein in Halle nahmen. Koch-Gotha überdauerte die Nazi-Periode ebenfalls in Ahrenshoop. Schäfer-Ast zog sich aus ähnlichen Gründen nach Prerow zurück.

Heute gibt es ein neues Künstlerhaus und die Möglichkeit für Stipendiaten, auch ausländische, an die Traditionen des Ahrenshooper Kunstlebens anzuknüpfen. Wobei sich die Kunst eher rückläufig zeigt, die große Zeit des Kunstgewerbes ist angebrochen, einen Kaffeepott oder eine mit Fischen verzierte Schale nimmt der Urlauber eher mit heim als eine Grafik oder ein Ölbild.

Zu DDR-Zeiten galt der Ort neben Binz auf Rügen als Schicki-Micki-Bad, staatliche Organisationen bauten für ihre Mitglieder Ferienheime, aber es war als „Bad der Kulturschaffenden" nicht der zentralen Ferienplanung des Gewerkschaftsbundes unterstellt. Einen Platz im Sommer in Ahrenshoop zu ergattern galt als Privilegiertenzeichen. Am Strand und in den Kneipen begegnete man Künstlern und Kulturfunktionären rudelweise. Wer wirklich privilegiert war, brauchte natürlich keinen Ferienplatz, sondern baute selbst seinen Bungalow als Sommersitz. So entstand eine Siedlung, die von den Einheimischen verdeckt abfällig als „Millionenberg" bezeichnet wurde oder auch als „Nationalpreisjäger-Hügel". Einige wenige konnten es sich, wie man in Wien sagt, noch besser „richten", sie saßen in der Chefetage und veranlaßten selbst die Gesetze und Vorschriften, die notwendig waren, wollte man sich mit einem Luxusbau an der „Seegrenze Nord" ansiedeln. Ich habe einen (im Original platt gesprochenen) Bericht, wie es im realen Sozialismus zuging, wenn ein Politbüromitglied auf Fischland bauen ließ. Ein Ofensetzer, ein „Pötter", ein in der Region geschätzter und gesuchter Handwerksmeister, hat sich erinnert:

„Das war so, daß er sehr dicht an den Bodden rangebaut hat, denn er fuhr vom

Bodden aus an Land mit seinem Boot, das war alles ausgebaggert. Und zwanzig bis fünfundzwanzig Meter weiter war dann sein Wohnhaus. Und dieses Wohnhaus ist tief in die Erde eingelassen worden, weil wir hier die Häuser meist nicht unterkellert haben, weil der Wasserstand so hoch ist. Da hat man einen Meter ringsum einen Keil aus Beton gegossen – und nun lassen Sie den Bodden drücken, dat drückt der nicht kaputt! Und da unten hatte er denn seine Sauna, sein Planschbecken, die ganze E-Anlage, es war wie ein Kraftwerk. Gleich wenn man auf den Hof kam, war eine Riesenkoppel, wie 'ne Kuhweide, und bei den Nachbarn hatten die Wasserabsenkungen gemacht, das Gras oben vertrocknete einfach, und beim Nachbarn waren die Brunnen leer, die Pumpen gingen nicht mehr, die Bäume gingen ein, so haben die eine Absenkung gemacht, das war so drög as en Kattenmors [so trocken wie ein Katzenarsch]. Und dann eben alles Klinker aus erster Hand. Für Blumenrabatten haben die Klinker verarbeitet, ich hab immer gedacht, Mensch, bist du hier im Irrenhaus? Und dann hab ich da 'n Kamin gebaut, war Rohrdach. Und da kamen die Brüder einfach hier an, Stasi. Die waren ja immer recht freundlich, weil sie wissen wollten: Wer kann ihnen das Ding bauen, daß es nicht raucht? Sie glauben gar nicht, was die Leute für einen Bammel hatten – wenn das Ding jetzt nicht funktioniert, das war für die ganz schlimm. Denn die gingen immer auf Nummer Sicher. Und

denn haben die ja einen Durchmesser von Schornstein gehabt, fünfundzwanzig mal fünfundzwanzig! Soll ich Ihnen sagen, was das ist? Das is 'ne Hölle! Ich hab meinen Kamin dran angeschlossen, angeheizt – da waren so acht bis zehn von der Stasi dabei, ohne daß ihr Chef überhaupt schon zu riechen war … Aber vorher wurde da geheizt, und zu diesem Test waren mindestens acht bis zehn von diesen Brüdern da, aber – die hab ich alle rausgejagt, aber wie, und ich mit, wir sind rausgerannt wie die Irren. Dieses Dach, Riesendach, Schilfrohrdach, und der Schornstein hatte so einen starken Zug, da kam oben 'ne richtige Zunge raus! Fünfundzwanzig mal fünfundzwanzig, das ist ein Auftrieb, da stehen die Haare, als hätten Sie sie mit Zuckerwasser gestylt. Wenn der seine Betriebstemperatur hat, da geht er ab wie Schmidts Katze! Und ich eine Angst, daß wir den Katen anstecken! Und wodurch war's gekommen? Kein Kaminholz, Birke, sondern Tanne, reines Gift für einen offenen Kamin, da fliegen die Späne ab, die fliegen zwei Meter in die Stube rein, wie kleine Geschosse, wenn das Politbüromitglied sich davor hingesetzt hätte, das hätte ihm butz! das Hühnerauge verätzt …"

Am Ortsrand Ahrenshoops wuchsen Kasernen für DDR-Marineeinheiten. Grausliche Plastiken verunzierten die Einfahrten, an Seeminen und anderes erinnere ich mich, was dem kunstfreundlichen Örtchen schlecht zu Gesicht stand. Im Zentrum war die „Bunte Stube" Geheimtip aller Intellektuellen,

Dändorf, Hafen

Blick über den Saaler Bodden auf Wustrow

weil man dort oft auch Bücher bekam, die in den Buchhandlungen des Binnenlandes als „Bückware" galten. Die Lesungen, die den Sommer hindurch in dem 1909 gegründeten „Kunstkaten" veranstaltet wurden, hatten als Publikum Literaturinteressenten aus dem ganzen Land, nach meiner Erinnerung regte das zu lebhaftem Gedankenaustausch an.

Die Kirche von Ahrenshoop (1951 erbaut) unterscheidet sich kaum von den anderen, was den spärlichen Besuch außerhalb der Saison betrifft, aber in ihrer Architektur ist sie die Ausnahme: ein kieloben liegendes Boot, ganz aus Holz gefertigt, und zwar aus einer einzigen Pappel.

Von Ahrenshoop kann man nach Prerow durch den Darßwald laufen oder, bei ruhiger See, auf dem schmalen Spülsaum, wo der Sand festgebacken ist von der ewig anrollenden Brandung. Oft habe ich diesen Weg genommen. Oder bin mit dem Fahrrad quer durch den Darßwald gefahren. Quartier hatte ich in Ahrenshoop nur einmal, in einem Häuschen, das ein Bildhauer (oder war es eine Bildhauerin?) der nachfolgenden Kollegenschaft vermacht hatte. Einer Freundin, die mit Kunst und Künstlern zu tun hatte, war gelungen, uns hier einzuschmuggeln, unter die Dachschräge im Obergeschoß – da verbrachte ich eine glückliche Woche, auch eine Locke aus meiner Souvenirsammlung, und eine sehr blonde diesmal … Abends gingen wir gern auf einem schmalen Pfad die Steilküste entlang, wo die

Herbststürme unerbittlich Land wegreißen, das vor Darßer Ort wieder angespült wird, so daß sich die Landspitze dort bis zu zehn Meter jährlich ins Meer schieben kann. Eine Küste von ungeheurer Dynamik, was besonders gut auf Luftaufnahmen zu erkennen ist.

Meine kurzzeitige unprivilegierte Idylle von Ahrenshoop wurde gestört von einem Horrorszenario, wie ich es an keinem anderen Küstenstrich der Erde erlebt habe. Es war eine absonderliche Variante des Hitchcock-Schreckensfilmes von den aggressiven Vögeln; an der Ostsee waren es – attackierende Marienkäfer! Nein, es ist kein Seemannsgarn, was ich jetzt erzähle. Millionen, Milliarden, Myriaden von Marienkäfern überfielen in jenem Spätsommer Ahrenshoop. Über der Düne flimmerte es rot, ein lebender Vorhang, den man durchqueren mußte, wenn man durch den Düneneinschnitt an den Strand wollte. Die gepflasterten Straßen des Ortes waren mit rotem matschigen Brei beschmiert. Badegäste, die einen Strandkorb gemietet hatten, blieben ausgesperrt, die Käfer klebten darin und waren sofort durch neue ersetzt, wenn sie weggewischt wurden. Das Viehzeug flog unters Hemd und in die Bluse, es schwirrte in die Augen, es erwies sich als beiß- oder zwickfähig, es drang in Nasenlöcher und Mund. Die Glückskäfer wurden zur verhaßtesten Kreatur einer ansonsten harmlosen Ostseefauna, der Urlaub war empfindlich gestört, am Strand liegen und lesen ein Ding der Unmöglichkeit, ein jeder befand sich in unaufhörlicher Bewegung, auch im Wasser gab es kein Entkommen, die Oberfläche war von rötlich gepunktetem Chitin bedeckt. Allein der oberste Entomologe des Bezirks, ein Käferspezialist offenbar, schien glücklich, denn er hatte seine Sternstunde: Mehrmals am Tage durfte er im Regional- und gar im Abendprogramm des Fernsehens eine Erklärung abgeben, welches Zusammentreffen naturwissenschaftlicher Fakten die Population des im Grunde ja beliebten Käfers örtlich vervielfacht hatte. Nach ein paar Tagen war die Invasion zerstoben, abgeflogen, und wir hatten gelernt, daß zu viele Glückssymbole das Glück so wenig multiplizieren wie etwa ein Regen von Hufeisen.

Wenn man auf dem Weg von Ahrenshoop nach Prerow in die Dunkelheit kommt, weist der Leuchtturm die Richtung. Seine Kennung: zwei Lichtblitze – Pause – vier Lichtblitze. Daran können die Fahrensleute ersehen, daß sich ihr Schiff vor Darßer Ort befindet. Der Strahl, von einer Zweitausend-Watt-Birne erzeugt und durch Linsen gebündelt, trägt über Sandbänke und Untiefen weit hinaus, achtundzwanzig Seemeilen, über Land gemessen sind das siebenunddreißig Kilometer. Der Leuchtturm Darßer Ort ist einer der ältesten, die noch Dienst tun, er wurde errichtet im Revolutionsjahr achtundvierzig. Einen Leuchtturmwärter gibt es natürlich nicht mehr, schade eigentlich, das ließe sich vorstellen als Beschäftigung in einem vorgeschrittenen Alter, aber wie gewohnt bringt die Technik die Romantik zur Strecke, der Betrieb erfolgt längst elektrisch.

Prerow, eine der stärksten Erlebniszonen für mich auf dem Darß – und eine brandrote Haarlocke in meiner Sammlung. In Prerow habe ich Unterschlupf gefunden in einem rietgedeckten Katen, als mir das Leben einen vernichtenden Schlag versetzte. In einem einsamen Hexenhaus bekam ich wieder Lust am Schreiben. Der Ort hilft, wieder auf die Füße zu kommen. Wenn es dunkelt, erlischt das Leben bis zum Sonnenaufgang. Das Dorf war ursprünglich so angelegt, daß immer auf den Dünenzügen die Häuschen standen, dazwischen die Senken, in der Regel die Wiesenflächen. Deshalb lag der Ort weit auseinandergezogen, zu beiden Seiten der Straßen die Häuserzeilen. Die ursprüngliche Anlage war bis zur Vereinigung erkennbar. Danach hat Spekulationsgier die Häuser ohne Rücksicht auf den Gesamtplan gesetzt.

Bis Ende vorigen Jahrhunderts hatte Prerow einen Hafen für Segelschiffe, es gab am Prerow-Strom, der früher die See mit dem Bodden verband, kleine Werften. Als die Dampfschiffe aufkamen, stellten sich die Einwohner um auf Fischfang. Nach einem alten Baedeker hatte Prerow 1922 an die tausendsechshundert Einwohner. Sehr viel mehr sind es bis heute nicht geworden. Zur zweiten Hälfte des vorigen Jahrhunderts zählte man in Prerow über hundert Kapitä-

Wustrow, Kirche

Wustrow, Blick vom Kirchturm in Richtung Saaler Bodden

ne, alle mit Patent für große Fahrt. In Zingst waren es zur gleichen Zeit etwa achtzig, viele wohnten auch in Born, Wieck und in Wustrow.

In den umliegenden Orten erkennt man noch heute die Katen der seefahrenden Einwohner, der Kapitäne und Fischer. Die Türen, angeblich auf großer Fahrt geschnitzt (solide Tischlerarbeit – welcher Seemann hätte das ohne Lehrzeit beherrscht?), sie sind bemalt mit farbstarken, lebensfrohen Symbolen – Sonne, stilisierte Blüten, Pflanzen, auch seemännisches Zubehör ist eingeschnitzt wie Anker oder Tau.

Vergleichbar verbreitet auf der gesamten Halbinsel wie die geschnitzten Türen ist eine Volksbelustigung, das Tonnenabschlagen, in seiner Herkunft ähnlich dunkel – vielleicht symbolisiert die an einem Gerüst aufgehängte Tonne die letzte dem schwedischen Okkupator geschuldete Herings-Abgabe. Das jährlich in vielen Ortschaften unter beträchtlichem Zulauf veranstaltete Fest zeigt die Fischer und Bauern in der ihnen eher fremden Rolle des Reiters; einen Knüppel in der Hand, jagen sie auf Pferden unter dem Faß hindurch und versuchen Teile davon abzuschlagen. Wer die letzte Faßdaube abschlägt, ist der Stäbenkönig, höhere Ehrung erringt, wer den Faßboden herunterbringt, er ist Tonnenkönig. Einmal sah ich zu beim Tonnenabschlagen, ich meine, in Prerow war das, da setzte sich das Spiel fort im Katen des Tonnenkönigs, dem vermutlich zu viele Klare spendiert worden

waren. Daheim griff er Längliches, Hölzernes vom Küchengerät, imitierte Galoppaden auf dem Teppich, und bei jedem Durchritt unterm Kronleuchter schlug er zum Entsetzen der erstarrten Hausfrau eine Glasfacette herunter …

Prerows Kirche stammt aus dem Jahre 1726, es ist die älteste auf dem Darß. Ein wuchtiger roter Backsteinbau, der Glockenturm aus dunklem Holz außen angesetzt. An der Kirchenmauer lehnen Grabsteine, darauf sind Segelschiffe eingemeißelt oder die Matrosensymbole für Glaube – Liebe – Hoffnung. Den Touristen, die im Urlaub im Gotteshaus den Glauben auffrischen wollen, fällt vermutlich der schöne Spätbarockaltar weniger ins Auge, eher bemerken sie eine Flottille von geschnitzten Segelschiffen, gestiftet von ortsansässigen Kapitänen aus Dankbarkeit, daß sie dem Wüten der Elemente entkommen konnten.

Der Pastor trug zum Sonntagsgottesdienst, den ich vor Jahren besuchte, ein weißes Habit statt des gewohnten schwarzen, er erläuterte es für die Nicht-Prerower: Man passe sich so der Brudergemeinde in Schweden an. Im Sommer gibt es in der Kirche gutbesuchte Konzerte, mehrmals sah ich auch Fotoausstellungen mit regionalen Motiven. In der Nachsaison, nach Abreise der Urlauber, füllen die älteren Einheimischen eben das Mittelschiff, ihnen zu Häupten wiegen sich die Votivschiffe in voller Takelung. Wenn die Gemeinde nach der Andacht die Kirche verläßt, zieht sie, vom Pastor freundlich verabschiedet, durch ein Portal, über dem ein altersdunkles Ölgemälde einen Schiffsuntergang vor Zingst darstellt, mit einem Heiland, dem gegeben ist, was die Seenotrettungsstation (in Wustrow vor hundertfünfzig Jahren gegründet) überflüssig machen könnte – er schwebt über der entfesselten See …

Prerow hat zwei Badestrände, die zueinander etwa im rechten Winkel liegen. Der Nordstrand, fünf Kilometer lang, bis zu hundert Metern breit; nach so einem Strand muß ich in meiner Sammlung lange suchen – in Europa allenfalls Mamaia an der rumänischen Schwarzmeerküste. Der Nordstrand liegt nahe zum Ort, während man den Weststrand nur erreicht nach einer längeren Wanderung oder Radtour durch den von Mückenschwärmen durchsummten sumpfigen Wald. Der Weststrand ist im Naturzustand, er kennt weder Strandkorb, Sonnenschirm, Imbißbude noch Rettungsschwimmer. Ein Refugium für Menschen, die mit sich und der Natur allein sein wollen. Man schippt sich seine Strandburg, drückt vielleicht mit Muscheln oder Steinchen das Datum in den Wall, bis zu dem man die Burg bewohnen möchte. Manche befestigen sie mit Treibholz, oder sie haben einen Windschutz bei sich, dessen Stäbe mit einem großen Stein in den Sand getrieben werden.

Prerow Weststrand erinnert in einem an die Insel Hiddensee: Autos sind nicht zugelassen. Damit fehlt ein bestimmter Urlaubertyp, was für die Landschaft nicht nachteilig ist. Nordstrand und Weststrand – ein größerer Gegensatz ist kaum denkbar. Es sind zwei Bekenntnisse. Wer am Komfort des Steilwandzeltes oder des Wohnwagens hängt, ist gewöhnlich verloren für die asketische Weststrand-Lebensweise mit Handtuch, Wasserflasche und einem Brotkanten im Rucksack auf dem Gepäckträger.

Manche behaupten, Prerow habe nicht nur zwei Strände, sondern auch zweierlei Wetter. Auf jeden Fall ist die Brandung entgegengesetzt, weil immer eine der Küsten im Wind liegt.

Am Nordstrand gibt es seit langem einen Campingplatz, einen der größten, den ich kenne. Früher haben wir in Freundesrunde am Wasser gegrillt, bis in die Nachtstunden. Dann tasteten von Zingst herüber die bleichen grellen Finger der Scheinwerfer, die den Strand absuchten. Grenzgebiet See. Die latente Furcht der Staatspartei war, es könne jemand dort das Land verlassen, wo der Bau einer Mauer nicht möglich war: am Meer. Die Fischerboote – es existierte noch eine Fischereigenossenschaft – mußten nachts auf dem Strand mit Ketten zusammengeschlossen werden, die Fischer hatten auch Anweisung, aus den Dieselmotoren die Glühzünder herauszuschrauben. Einer der Fischer war gutmütig genug, einen Urlauber an Bord zu nehmen, als er zum Fang auslief. Der Urlauber zahlte dafür eine Buddel, der Fischer einen Tausender Strafe. Auf Schritt und Tritt war zu merken, daß man sich im Grenzgebiet bewegte. Eine Nacht im Strandkorb konnte Vernehmungen nach

Barnstorf bei Wustrow

Ahrenshoop

sich ziehen. Ich erinnere einen sonnigen Sommermorgen, da war der Waldsaum am Weststrand durchsetzt mit Uniformen – Genaueres war meist nicht zu erfahren, gewöhnlich eine der entsetzlichen Geschichten, bei denen wagemutige, sportliche junge Leute den Tod fanden, als sie über oder unter Wasser ihr Land verlassen wollten.

Lief man am Weststrand entgegengesetzt zur Richtung Ahrenshoop – der lange Strand war durch Gewohnheitsrecht zur Freikörperkulturzone geworden, nicht ganz zur Freude der eher prüden Genossen, die vergessen hatten, daß FKK zur Tradition der proletarischen Sportbewegung zählte –, wurde man knapp vor dem Leuchtturm Darßer Ort von einem Stacheldrahtzaun gestoppt. Da stand man nackt und starrte den Posten an, der schwitzend in seiner Uniform steckte, mit Helm und umgehängter Waffe. Zwiespältige Empfindungen, Mitleid, mit unterdrückter Wut vermischt. Der Posten starrte neidvoll zurück, auch in ihm gewiß zwiespältige Gefühle, wer verharrte hier schon freiwillig in diesem Aufputz unter der Sonne und bewachte ein militärisches Sperrgebiet höchster Geheimhaltungsstufe, wie es hieß. Die Einheimischen und die meisten Urlauber, die den Strand seit Jahren kannten, wußten Bescheid – der Verteidigungsminister hatte für sich und seine Generalität Urlaubsbungalows bauen lassen. Inmitten des Naturschutzgebiets! Einen kleinen Hafen dazu, um die Versorgung über See zu sichern. Die Hochrangigen flogen mit ihren Edeldamen im Hubschrauber ein, auf dem Strand zogen die Sonnenbadenden die Köpfe ein. Wenn draußen ein Kampfschiff auf Reede lag, war zu vermuten, der Minister persönlich gab der Landspitze die Ehre. Der Darßwald wurde in wechselnden Abschnitten gesperrt, dort ließen die Nimrods ihre Suhler Jagdbüchsen knallen, aber die Absperrungen dauerten viel länger als die Jagd. Einmal, zur Zeit der brandroten Haarlocke, zu der auch ein putziger schwarzer Hund gehörte, zwang uns ein ziviler Büttel zum Umkehren (der gesperrte Weg mündete gerade in einen erlaubten, auf dem wir schon den Fuß hatten), es war pure preußische Schikane, die auch den Hund einschloß, der angeleint werden mußte, sonst seien „Weiterungen unausbleiblich …“

Darßer Ort war mir noch aus den unmittelbaren Nachkriegsjahren bekannt, man konnte bei Niedrigwasser hinüberwaten oder schwimmen zur Bernsteininsel. Die älteren Ortsansässigen wissen noch, daß es auf dieser Sandfläche nie Bernstein als natürliches Vorkommen gegeben hat. Ein pfiffiger Bootseigner streute die honiggelben Bröckchen, die man nach Sturm bei einigem Glück am Strand findet, auf der Insel aus und transportierte die Urlauber hinüber, die dann über ihre Funde beglückt waren.

Seit der Ansiedlung der Generalität auf Darßer Ort wurde alles getan, dieses Gebiet aus dem geographischen Gedächtnis der ostdeutschen Bevölkerung – die westdeutsche kannte das Gelände ohnehin kaum – zu tilgen. Landkarten und Wanderpläne wurden im Norden beschnitten. Exemplare der kartographischen Botmäßigkeit sind noch heute im Heimatmuseum von Prerow zu betrachten, sogar Satellitenaufnahmen gibt es, auf denen das Freizeitgelände des Genossen Minister von der Kamera ausgeblendet wird.

Wie nicht anders zu erwarten, rankten sich Gerüchte und Legenden von Prunk und Luxus, von erlesenem Geschmack und Verschwendung um die unsichtbaren Bungalow-Areale. Aussagen von Augenzeugen waren nicht zu bekommen. Unterm Sternenhimmel von Prerow, wenn die Suchscheinwerfer nicht eingeschaltet waren, blickten wir hinüber durch den Feldstecher zu den Lichtblitzen von Darßer Ort und zu den rot-grünen Positionslampen, die die ministerielle Hafeneinfahrt begrenzten. Die Bernsteininsel wurde für mich zu einem verwunschenen Land, real und zugleich unwirklich, so etwas hatten nicht einmal feudalzeitliche Kräfte in Deutschland vermocht: geographische Fakten zu löschen!

1990 fiel der Stacheldraht vor dem Leuchtturm. Voller Neugier, in einer Jahre hindurch gespannten Erwartung, stapfte ich weiter, hinein in den weißen Fleck der Landkarte. Kann man das eine Enttäuschung nennen? Die Eindrücke wiederholten sich wie beim Politbüro-Ghetto von Wandlitz: kläglicher Kleinbürgergeschmack, der sich da austoben durfte, ohne Größe, ohne Stilgefühl,

dabei hätten sie doch – siehe die Aussage des Ofensetzers – bestes Material zur Verfügung gehabt, es war eben, wie alle ihre Entwürfe, die sie zu verantworten hatten, ohne Größe, enttäuschend, ihr mittelmäßiges Format entlarvend.

Der Draht am Leuchtturm wurde bald wieder gespannt, wenn auch kein Stacheldraht. Abgesperrt wurde diesmal im Interesse der Natur. Den Leuchtturm aber kann man nun besteigen, in seinem Sockel ist ein Naturkundemuseum eingerichtet. Da hängen unter anderem Tafeln, auf denen die unvorstellbare Dynamik des Meeres und die von ihr bewirkte Umformung der Küstenlinien zu studieren ist. So ist die Bernsteininsel im Laufe der Jahre mit der Landspitze zusammengewachsen.

Das Land hat seine Umrisse schneller geändert, als sich in Jahrzehnten das Leben der Fischer und Dörfler wandelte. In der auslaufenden Kaiserzeit wurde es Mode, ins Seebad zu reisen, und die Ostsee entwickelte sich allmählich zu Berlins Badewanne. Die zurückhaltenden Plattsprecher mußten sich auf steigenden Tourismus einrichten, sie bezeichneten auch die Badegäste aus Sachsen oder anderen deutschen Provinzen allgemein als „Berliner". Prerow ist heute stolz darauf, daß es seit über hundert Jahren seine Tradition als Badeort pflegt.

Ältester Badeort der Region dürfte aber Graal-Müritz sein. Die Doppelsiedlung, vor dem Ausbruch des Zweiten Weltkriegs zu-

Ahrenshoop, Kunstkaten

Ahrenshoop, Steilufer

sammengeschlossen, verweist auf eine merkwürdige Geschichte, die sie zum „Seeheilbad" werden ließ. Sie liegt auf gleicher Breite wie Ribnitz-Damgarten, einige Kilometer vor Ostseebad Dierhagen, wo das Fischland beginnt. Die beiden Dörfchen Graal und Müritz, zusammen noch keine hundertfünfzig Seelen, verfügten über keine Kirche, sondern wurden seelsorgerisch betreut von Ribnitz (gehört zu Mecklenburg, Damgarten hingegen zu Vorpommern), was für einen rüstigen Fußgänger einen Weg von zweieinhalb Stunden ausmachte. Nun gab es einen Pastor – wir haben es in Norddeutschland gewöhnlich mit reformierten, also lutherischen, evangelischen Bekenntnissen zu tun –, dieser Pastor Bunge erstrebte für beide Orte eine gemeinsame Kapelle. Viele Ribnitzer waren dagegen, besonders der Oberkirchenrat, dem die wenigen Seelen nicht ausreichend schienen für eine eigene Kapelle. Da verwandelte sich der Pastor in einen tüchtigen PR-Mann, warb in seinem Umkreis für einen Sommerbesuch in Graal und Müritz.

Tatsächlich stieg die Urlauberzahl so beträchtlich, daß der Oberkirchenrat noch vor der Jahrhundertwende „Kurpredigerstellen" einrichten ließ, die Gottesdienste wurden vorläufig in Hotels abgehalten, aber zehn Jahre später schon in der eigenen gemeinsamen Kirche. Allerdings war schon lange davor, 1851, Müritz auf einer Karte als Seebad eingetragen, doch bedurfte es der pastörlichen Initiative, bis um die Jahrhundertwende pro Jahr mehr als tausend Badegäste kamen.

Müritz stiftete noch eine andere Tradition: 1910 eröffnete die erste Familienbadeanstalt, für den heutigen Küstenbesucher eine Selbstverständlichkeit.

Die Lage von Graal-Müritz bedingt, daß Waldluft und Seeluft sich mischen, zuweilen firmierte es als Ostseebad und Waldluft-Kurort. In den letzten Jahren des vorigen Jahrhunderts wurde Einrichtungen der Kinderheilkunde geschaffen (Allergien, Haut- und Atemwegserkrankungen). Die Kurmittelanwendung hat man inzwischen unter anderem ausgeweitet auf Herz-Kreislauf-Beschwerden, wobei auf medizinische Einrichtungen auch aus DDR-Zeiten zurückgegriffen werden kann.

Ansonsten änderte sich in dieser Phase an der Küste wenig. Notwendige Reparaturen an den Häuschen in den Badeorten unterblieben aus Materialmangel. Private Neubauten waren die Ausnahme. Erst mit dem Zusammenschluß kamen sichtbare Änderungen, nicht immer zum Vorteil der Landschaft.

In Prerow existiert noch aus älteren Tagen ein Veteranenclub, er trifft sich donnerstags im Kulturkaten „Kiek in", etwa vierzig alte Damen, die meisten alleinstehend. Lucie ist die älteste, hoch in den Achtzigern, ihr Mann ist auch zur See gefahren. Ungefähr ein Viertel der Clubmitglieder sind Einheimische, die andern zugezogen, an der Küste im Verlaufe eines langen Lebens heimisch geworden. Erstaunlich, mit wieviel Unternehmungsgeist, Phantasie, mit welchem Lebensmut die Veteraninnen die Nachsaison ihres Lebens meistern. Sie reisen viel. Gerade gestalten sie für die Nachbargemeinde Wieck ein Kulturprogramm mit Rezitationen und plattdeutschen Liedern ihres Chors. An einem Nachmittag haben sie für mich und auf meinen Wunsch gesungen. Sie versuchen die neue Zeit zu begreifen, was manch Jüngeren schwer fällt, und sie erinnern sich gern der alten, nämlich ihrer Jugendzeit.

„Zur Zeit der Wende, da sind wir eigentlich alle doll zusammengerückt. Weil viele da gar nicht wußten, wie's weitergeht, und außerdem auch große Sorgen hatten. Und ich muß sagen, das hat uns sehr geholfen, daß wir da so zueinandergehalten haben, in d e n Zeiten. Und haben uns ausgesprochen, sind unsern Frust losgeworden, und wir haben oft geschimpft, also in dem Moment, wenn man das aussprach, da war die größte Sorge eigentlich vorbei. Und die andern hatten dieselben Sorgen, jeder erzählte so sein Herzeleid, Das hat uns doll geholfen, das Zusammentreffen hier, wir lachen eben sehr viel, und dann sagen wir oft, wir sind wieder ein paar Jahre jünger geworden … Wir lachen nicht über andere, wir lachen über uns selbst, das ist besser …"

Eine neue Zeit ist in den Ort eingebrochen, mit unterschiedlichen Folgen, wie die rüstigen wachen Seniorinnen kommentieren:

„Was uns auch nicht so recht gefällt, daß man uns so langsam zubaut hier. Es haben ja viele Westdeutsche Land erworben, das sind ja nun die Leute, die Geld haben, kommen her und bauen jetzt Eigentumswohnungen, so dicht, daß es einfach unmöglich ist. Dieser ‚Kapitänsgarten‘ gegenüber der Post ist ja ein einziges Unding. Jetzt haben die noch einen Bretterverschlag gemacht bis an die Straße ran, also daß sich da ein Mensch wohl fühlen kann, begreif ich nicht … Und so an vielen anderen Stellen auch. Hinten am ehemaligen ‚Thälmann-Lager‘, oder vorne am Waldheim, die Schwedenhäuser an sich sind ja schön, jedes für sich, aber die sind so eng aufeinandergebaut so mitten im Wald, und unsere schönen alten Bäume, die gehen alle krachen dabei. Oder Ecke Dammstraße – Grüne Straße, da sind jetzt acht Häuser, immer eins Rohr, eins Ziegel, eins Rohr, eins Ziegel, und sie passen gar nicht in die Landschaft. Oder im Mühlenpark, diese Riesendinger. Alle aufeinander, sechs stehen jetzt … Vor zwei Jahren war unsere Seniorengruppe in Marokko. Wir haben gesehen, wie man dort den herrlichen Strand zugebaut hat mit Hochhäusern. Man kommt überhaupt nicht mehr ans Meer. Das sollte bei uns nicht passieren. Die Westdeutschen haben sogar zu uns gesagt: Laßt nicht dasselbe zu wie bei uns in Travemünde und in Timmendorf!"

Gleichlautende Berichte hatte ich in Ahrenshoop gehört. Und ich habe eine statistische Angabe gelesen: In dem Ort, der bald

Born, Kirche

Born

nach der Wende als „Kampen des Ostens" gehandelt wurde, sind auf zweihundertdreißig Häuser bereits von früheren Besitzern Rückgabeansprüche geltend gemacht worden – insgesamt stehen in Ahrenshoop dreihundertzwanzig Häuser ... Die (übrigens westlichen) Berichterstatter dieser Statistik schließen: „Die Einwohnerschaft wird einfach wechseln. Ostdeutsche raus, Westdeutsche rein ..."

Über Bausünden hört man auch aus dem kleinen Boddenort Born. Achttausend Feriengäste sollen es schon jährlich sein, allmählich wird sich der Charakter des Fischerdörfchens verlieren. Ostsee ist bei vielen „in", Kampen und Sankt Peter Ording kennt man zur Genüge, und die da im Osten sollen ja angeblich an ihren Stränden meist nackert herumspringen – in der DDR war das so üblich ... Preislich nimmt es sich ja kaum noch was ...

Neue Verhältnisse ebenfalls auf dem Campingplatz von Prerow-Nordstrand. Auch dazu der Senioren-Bericht im O-Ton:

„Schlimm auch mit dem Zeltplatz. Daß die Wohnwagen alle in den Dünen stehen, die werden weggewalzt. Ich wünschte mir nichts – aber einmal ein Tag Hochwasser, damit sie erst mal wissen, was sie da anrichten mit den Dünen. Denn wir haben das ja schon erlebt, daß beim Bernsteinweg und zwischen Zingst und Prerow das Wasser durchgebrochen ist. Laß da mal richtig Hochwasser kommen – dann würden sich aber auch die wundern, die so dicht mit ihren Wagen an den Strand ran wollen. Die wollen ja alle ans Wasser, nech? Früher waren nur Einachser auf'm Zeltplatz erlaubt. Jetzt können Zweiachser, das sind ja halbe Möbelwagen. Und je näher sie am Wasser ran sind, je mehr Geld müssen sie bezahlen, je mehr nimmt der Pächter ein für die vorderen Plätze. Marktwirtschaft! Gleich nach der Wende kam ein Herr von Laboe, der den Zeltplatz für fünfundzwanzig Jahre gepachtet hat. Durch sicherlich sehr schlechte Beratung hat sich die Gemeinde darauf eingelassen, naja, sonstwas wird versprochen ... Das erste war, daß er die Bäume alle gestutzt hat, das sind ganz natürlich gewachsene Bäume, wunderschön, und denn wurden sie ausgesägt, damit die großen Wagen da drunter konnten. So, und jetzt ist dort oft so überbelegt, der Zeltplatz, die sind in den Dünen, bis ans Wasser ran ... Er hat seine vorgeschriebene Zahl, die er haben darf ..."

Das Informationsblatt für das Ostseebad Prerow, „Der Leuchtturm", fiel mir in die Hände:

„Leider mußte die Gemeinde auch in diesem Jahr [1995] feststellen, daß die auf 3500 Personen festgelegte Belegung der Campingplätze um fast hundert Prozent überzogen wurde."

Pech zudem für Prerow, daß das Gelände des Zeltplatzes katasteramtlich von der Nachbargemeinde Born geführt wird. So hat Prerow kein Recht auf eine Besteuerung des Wirtschaftsunternehmens „Regenbogencamp". Born nimmt die Kurtaxe ein, Prerow hat nichts als den Dreck der durchfahrenden Autos …

Töricht wäre, wer die Augen verschließt, um die Verbesserungen nicht zu sehen, die mit der neuen Zeit eingezogen sind. Viele Straßen haben ein ordentliches Pflaster bekommen, mit gekennzeichneten Radwegen, was in Urlaubsorten besonders wichtig ist. Die Straßenbeleuchtung ist verbessert worden. Toiletten- und Duscheinrichtungen gibt's jetzt auf dem Campingplatz. Vor allem aber: Die Wasserqualität an den Stränden der offenen See wird als ausgezeichnet klassifiziert.

Zwei große Projekte beschäftigen die Küstenbewohner, und nicht nur auf Fischland, Darß und Zingst. Erstens die Seebrücken. Eine eigenartige Erfindung: die Brücke, die nichts verbindet. Eine Brücke nicht übers, sondern ins Meer. Im Unterschied zu Flußbrücken sind Seebrücken gewissermaßen Sackgassen. Wer sie betritt, muß sie am selben Ende wieder verlassen, es sei denn, am Kopf der Seebrücke lege ein Schiff an, das man besteigt, um es an einer anderen Seebrücke zu verlassen. Seebrücken wurden im neuen Bundesland Mecklenburg-Vorpommern fast überall dort gebaut, wo es sie früher schon gab. Manche hatten den Krieg nicht überlebt. Jetzt stehen sie unter anderem in Zingst, Wustrow, Graal-Müritz, Prerow. Von der letzteren habe ich Einzelheiten gehört, die vermuten lassen, daß die Schild-

bürger ihr phantasievolles Schaffen zeitweilig vom Binnenland ans Meer verlegten. Die Prerower Brücke soll Millionen gekostet haben. Das hätte sich, wie es heutzutage heißt, „gerechnet" bei einem Schiffsverkehr an mindestens hundert Tagen im Jahr. Fachleute hätten aber gewarnt, Schiffe könnten nur bis Windstärke vier zum Ein- und Ausbooten von Passagieren anlegen, denn die Dünung sei unberechenbar. Tatsächlich habe ich nach Fertigstellung der Brücke lange Zeit keine Tafel mit einem Schiffsfahrplan entdecken können. Ein paarmal, erzählten die reiselustigen Seniorinnen, habe ein Dampfer nach Dänemark angelegt, bald wurde die Linie eingestellt, weil von irgend jemandem an irgendwen fällige Zahlungen nicht geleistet worden waren. Aber womöglich, hörte ich munkeln, liege die eigentliche Bedeutung der Prerower Seebrücke weitab von nautischer Kommunikation und sei mehr festländischen Charakters. Denn wollte der Kurort Prerow nicht endlich auch anerkannt werden als solcher? Dazu wäre jedoch Voraussetzung, eine Meerespromenade vorzuweisen von bestimmter Länge. Nun versperren Baumwipfel beim Spazierengehen auf der Deichkrone den Blick aufs Meer. Ja – wenn man aber auf einer Seebrücke ins Meer hineinspazierte, mit Blick aufs Wasser sogar zu beiden Seiten? Und wenn für diese Gelegenheit, über den Wassern zu wandeln, ein Ticket aus einem Automaten am Brückenaufgang gezogen werden müßte, im Bewußtsein, daß diese zwei Mark nur ein

Saaler Bodden bei Ahrenshoop

Wieck, Blick auf den Bodstetter Bodden

Scherflein sind, gemessen an den Baukosten, die aus dem Budget „Aufbau Ost" geflossen sind, und dies manchmal für Projekte, die noch entschiedener aus Schilda stammen …

Gut, die Brücke ist nun da, mit Schiff oder keinem Schiff, viele genießen jedenfalls den Gang aufs Meer hinaus ohne nasse Füße, lassen sich bei der abendlichen Promenade vom Wind zausen, betrachten von draußen das Gewimmel am Nordstrand, suchen durchs Fernglas die Einfahrt zum Privathafen des Ministers, dessen Namen man – aber so lange liegt das doch noch nicht zurück! – nicht mehr erinnert. Der Hafen, vorläufig noch genutzt als Yachtliegeplatz und für ein Seenotrettungsschiff, wird wohl, wie nicht nur die Grünen meinen und hoffen, im Laufe der Jahre verlanden, die Natur korrigiert die Eingriffe des Menschen.

Auch im gesellschaftlichen Leben berichtigen sich manche Erscheinungen, die mit den Zeiten kamen. Das vielzimmrige Stasi-Erholungsheim am Waldrand von Prerow (eigene Schwimmhalle, eigenes Kraftwerk) ist entschärft worden zu einem Unternehmen der „Charming Travel"-Gruppe. Von den Prerowern IM, die man kannte, ist einer offenbar verschwunden, der andere soll einen prosperierenden Laden betreiben. Aber wo ist zum Exempel der Idiot, der uns damals den putzigen Hund zu erschießen drohte, in welcher neuen Funktion verdient der jetzt sein Geld, als wessen Bodygard? Nein, man soll nicht nachtragend sein, auch das

mußten wir in den neuen Zeiten lernen, und am besten, wir halten uns an die Natur, die Brandung ist unermüdlich, sie löscht unwiderruflich die Fußstapfen des Vordermanns …

Die Aussichtsplattform des Leuchtturms zu erklettern war, so lange ich denken kann, meine Sehnsucht in realsozialistischen Zeiten. Jetzt sehe ich bei einem Rundblick von oben in südwestlicher Richtung Rostock-Warnemünde, nach Osten zu liegt Hiddensee. Großprojekt Nummer eins ist klar auszumachen, die Seebrücke. Großprojekt zwei ist in seinem gewaltigen Umfang aus der Luft nicht einmal bei ganz klarer Sicht zu überblicken: der „Nationalpark Vorpommersche Boddenlandschaft". Mit über achthundert Quadratkilometern die größte Anlage dieser Art im Osten Deutschlands. Ein Gebiet östlich von Ahrenshoop, Teile vom Darß, Zingst, Hiddensee, ein westlicher Zipfel von Rügen, Deutschlands größter Insel, dazu Boddengewässer und, als umfangreichste Fläche, offene See. Natur, die bisher so gut wie unberührt war von Landwirtschaft und Massentourismus. Ein Biotop von zum Teil sehr seltener Meeres- und Küsten- und Landfauna, von Bäumen und Sträuchern und Pflanzen, Sümpfen, Salzwiesen, verlandeten Seen, Dünen …

Von Beginn an gab es bei diesem gigantischen Projekt, das noch von der letzten DDR-Regierung angedacht worden war, Mißverständnisse und interessenorientierten Unwillen. Einheimische murrten: Schon wieder alles abgesperrt! Kommunen witterten eine Einschränkung des Tourismus und damit den Rückgang ihrer Einnahmen. Die wenigen übriggebliebenen Fischer Prerows erstrebten eine Zusage, auf Lebenszeit auch in der Kernzone des Gebiets fischen zu dürfen. Ein Ausgleich mußte gefunden werden mit Landwirten, die mit ihren Rindern und Schafen und Pferden Flächen des Nationalparks beweiden. Die Schiffszufahrt zum Hafen Stralsund führt zwischen Hiddensee und dem Bock, einer Insel, durch die geschützte Zone, diese Route wird wohl nicht verlegt werden können.

Bei Pramort östlich von Zingst befand sich ein Militär-Schießplatz, der zum Raketentestgelände der Bundeswehr ausersehen war. In einem Gebiet, dessen weiteres Umfeld Rastplatz für Kraniche ist; gegen sechzigtausend Exemplare hat man jährlich gezählt, das ist fast der gesamte Brutbestand des grauen Kranichs in Nordeuropa. Die Schießpläne kamen nach Demonstrationen der Bevölkerung vom Tisch – Waffenlärm ist etwas, das diese Gegend so nötig hat wie der Gesunde einen Kropf, und nicht nur die Kraniche und die Ornithologen werden dankbar sein … Wie die Sache mit dem Golfplatz ausgeht, der in ein Eckchen der Schutzzone hineinlangen würde, ist wohl noch nicht abzusehen, Golfspieler bringen Geld, im Unterschied zu Militärs …

Ich liebe diesen Küstenstrich zu allen Jahreszeiten, aber am schönsten finde ich ihn zur Nachsaison. Wenn der Strand leergefegt ist, die Urlauber samt den Strandkörben verschwunden sind. Außerhalb der Saison wird die Landschaft wieder sichtbar, die sonst nur fleckenweise zwischen bunter Urlaubergarderobe durchdringt. Die Restaurants machen dicht, nur ein paar Kneipen zeigen abends noch Licht. Da findet man dann die Einheimischen, die während der Saison so gut wie unsichtbar sind. Ein paar alte Fischer vielleicht, die schieben ihre Mützen ins Haar, die sie beim Trinken auf dem Kopf behalten, wortkarg schauen sie in die Gläser vor sich mit diesen Augen, die geschliffen sind von Wasser und Wind. Die See ist kalt, verstummt sind die Lautsprecheransagen und die schalen Witzchen der Animateure, sogar in Ahrenshoop und Prerow verheißen wieder Schilder: Ferienwohnung frei!

Die Nachsaison ist meine Zeit, weil da unsereiner am besten begreift, was der Dichter Gottfried Benn meint, wenn er sagt: „Sich abfinden und gelegentlich auf Wasser sehn …"

Junge Leute kommen um diese Zeit nicht mehr, eher ältere, die der Natur etwas ablauschen wollen, die Kranichzüge sehen, die Hirschbrunft. Gebräunte Dekolletees sind nicht mehr häufig, mehr hochgeschlossene Windjacken und regenglänzende Mützen. Das Strandkino hat geschlossen, im Schaukasten hängt noch das Plakat von den Comedian Harmonists, quer darüber steht: „Vielen Dank, auf Wiedersehen im nächsten Sommer!" Über der ganzen Szene liegt

Windflüchter am Weststrand nahe Darßer Ort

Darßer Ort, Leuchtturm

eine sanfte Melancholie, wie sie gewöhnlich die Erinnerung an gewesene Freuden begleitet – wieder ein kostbarer Sommer vergangen, war er gut, hat zur Sammlung etwas beigetragen?

Der Wind weht täglich etwas stärker, die Vögel lassen sich von ihm tragen, ohne die Schwingen zu regen. Ein Mann mit blautätowierten Händen, Schiffermütze auf dem grauen Haar, quält sich mit den Strandkörben ab, die auf einen Wagen geladen und ins Winterquartier gerollt werden. Aneinandergereiht stehen sie im Schuppen, geduldig wartend, daß sie wieder Requisit werden für Entspannung und Sonnenbad, Saisonflirt, Abschiedstragödie. Allein die Möwen sind dem Strand treu geblieben, hungrig jagen sie über die Wellen, dem Spiel des Wassers spiegelgleich angepaßt. Man braucht nur die Mütze in die Luft zu werfen, gleich fliegen sie an mit aufgesperrten Schnäbeln.

Ein Wunschtraum: Jetzt beim Strandspaziergang den großen Bernsteinfund machen, ein faustgroßes Stück mit Einschluß, oder doch ein kieselgroßes Stückchen mit einem Ameisenbein, ein honiggelbes Bröckchen nur mit nichts drin, oder einen versteinerten Seeigel wenigstens oder einen Hühnergott. Doch Poseidon ist geizig. Nichts als die weißen Schalen der Herzmuschel, die verfilzten Bärte vom Blasentang bietet er an.

Das enttäuschte Auge schweift zum Horizont. Draußen sind Schiffe auszumachen. Beneidenswert, sie können dem Sommer nachfahren, unter tropische Sonne. Der Strandgänger bleibt zurück, schaut den kleiner werdenden Masten nach und den Zugvögeln, die unter schiefergrauem Himmel ihre Flugformationen ordnen, mit beweglichen Zeichen tuschen sie ihre Abschiedsbotschaft in die Wolken und verschwinden, den südlichen Kursen der Schiffe folgend. Eines Tages sind sie dann wieder da, und alles beginnt von neuem, an der Küste meiner ewigen Sehnsucht, meinem Paradies unterm Wind.

Summary

Between Rostock and Stralsund lies one of the most beautiful stretches of coastline in the whole of Germany.

From Rostock's seaside resort, Warnemünde, one can make out another of the region's oldest bathing resorts across to the east: Graal-Müritz. The story of how this double settlement (which was amalgamated before the outbreak of the Second World War) became a "seaside health resort" is a curious one. The two villages of Graal and Müritz had a combined population of less than a hundred and fifty and since they had no church they were under the pastoral care of Ribnitz. A minister by the name of Bunge wanted a chapel built for their joint use. Many Ribnitz people were against this, especially the High Consistory, who thought that there were too few inhabitants to warrant a church of their own. At this point the minister mutated into a high-powered public relations officer and began to persuade his circle of friends and acquaintances to visit Graal and Müritz in the summer. The number of holidaymakers did indeed increase so considerably that shortly afterwards the High Consistory changed its mind and had a church built. It is true that Müritz had appeared on a map as a seaside resort long before this, in 1851, but the minister's initiative was necessary to swell the number of holidaymakers to over a thousand a year by the turn of the century.

Müritz started another tradition. In 1910 it opened the first swimming baths for the whole family, something taken for granted by seaside visitors today.

Graal-Müritz's position means that sea air and forest air mix there and sometimes the village advertized itself both as a Baltic seaside resort and a forest health resort. In the last years of the nineteenth century various paediatric institutions were established (for allergies and diseases of the skin and respiratory tract). Health cure treatment has now also been extended to heart and cardio-vascular complaints.

Not far from Graal-Müritz, just to the north of the seaside resort of Dierhagen, begins the narrow strip of land known as the Fischland, which merges into the Darss and then Zingst. With its northermost point Darsser Ort the peninsula juts out almost at right angles into the Mecklenburg Bight. It is separated from the mainland by a number of Bodden (lagoons), the largest being the Saaler Bodden. Originally, the peninsula consisted of three separate islands, which in the course of time grew together. This did not happen in the case of the Darss and Zingst until 1876.

The incredible force of the Baltic along this stretch of coast means that the coastline is continuously being re-fashioned. Especially during the violent autumn storms the sea washes away land from the cliffs near Ahrenshoop and deposits it to the west of Darsser Ort where the mainland can advance

Prerow, Bürgermeisterhaus

Prerow, Seemannskirche

as much as ten metres a year into the sea. As a result of the extraordinary onslaughts of the sea Bernsteininsel (Amber Island) has been joined up with the Darss, to take but one example. For years this island, on which, incidentally, amber was never found, was expunged from the geographical awareness of the region because the military took it over as their holiday quarters. It was declared a prohibited military zone with the highest security clearance and under this pretext it was developed for holiday purposes. They even built their own harbour to guarantee supplies. All of this was in the middle of a nature reserve. The northern headland, including Darsser Ort and Bernsteininsel, disappeared from maps. (In the GDR, cartography was the preserve of the military.) So, by a quirk of nature, the island really did disappear but only after the area had once more been opened up to the public.

The Federal State to which the Fischland-Darss-Zingst peninsula now belongs is called Mecklenburg-Vorpommern – Mecklenburg and West Pomerania. The border between these two parts of the State runs through the middle of the most fashionable seaside resort in the region, Ahrenshoop, and is, in fact, called Grenzstrasse, i.e. Border Street. The double town of Ribnitz-Damgarten on the mouth of the river Recknitz where it enters the Saaler Bodden is also cartographically separated: Ribnitz belongs to Mecklenburg, Damgarten to West Pomerania.

From time immemorial the majority of the population in this part of the country lived in rather impoverished circumstances. The establishment of modest boatbuilding yards for smaller sailing ships brought a certain upswing but this line of development had no future once steamships began to take away trade from the windjammers. The people along the coast scraped a living from fishing, arable farming, animal husbandry and, later, tourism.

A striking feature of the area is the high concentration of nautical professions. Indeed, it could be said that the peninsula ensured an adequate supply of sea captains for the whole region, and not only for the coastal and Bodden trade, for there were many who held the master's certificate for foreign trade.

In 1846 the Grand Ducal Mecklenburg School of Navigation was established in Wustrow. This later became the Nautical College and was the only educational institution of its kind in the GDR period. It was closed down in 1992.

Today, when one goes for a walk around the villages of what used to be three separate islands, one is struck by the richly carved and brightly painted doors forming the entrances to many cottages. It is said that seamen created these works of art on their long voyages. Whether this is true or not, it can be assumed that in most cases those living behind such doors are the families of seafarers.

Roughly by the middle of the nineteenth century the Fischland-Darss-Zingst peninsula had developed into a favourite tourist destination. The most fashionable bathing resort is Ahrenshoop, discovered in 1899 by the painters Paul Müller-Kaempf and Oskar Frenzel. Since that time it has continued to exercise a great fascination for artists. As a consequence, the village acquired an artists' colony, most members of which were landscape painters and devotees of open-air painting. The "Cottage Gallery", built in 1909, still exists today. A number of famous names are associated with Ahrenshoop: Erich Heckel, Max Pechstein, Alexej von Jawlenski, Fritz Koch-Gotha, for example. The Ahrenshoop artists did not promulgate articles of belief with an ideological thrust − unlike their colleagues in Worpswede, whose ambitions went beyond the confines of art. As a result, the artistic colony on the Fischland peninsula disintegrated with the First World War. The galloping inflation of the post-war period was a disaster for Müller-Kaempf: he just about managed to survive by selling hand-painted picture postcards in Graal-Müritz.

However, artists gravitated to Ahrenshoop later, too. The sculptor and graphic artist Gerhard Marcks, for example, sought refuge there after the Nazis had dismissed him from his post as a professor at the College of Arts and Crafts in Burg Giebichenstein. Koch-Gotha also survived the Nazi period in Ahrenshoop.

Today, there is a new Art House and bursaries are available to people from Germany and abroad to pursue the traditions of artistic life in Ahrenshoop. However, demand for art seems to be somewhat in decline and the great age of arts and crafts appears to be dawning. Holidaymakers are more likely to buy a coffee-pot or a bowl with fish motifs than a drawing or an oil painting.

In the GDR period Ahrenshoop, together with Binz on the Isle of Rügen, was regarded as a very trendy resort. State organizations built holiday complexes for their members there but as the "Bathing Resort of Cultural Workers" it was not under the usual central planning control of the trade unions. People who managed to get an allocated place in Ahrenshoop in the summer were regarded as privileged. On the beaches and in the pubs one met droves of artists, actors, musicians, etc. and cultural officials. Of course, those who were really privileged had no need of holiday allocations: they had holiday houses built as their summer domicile. In this way a whole settlement came into existence which the locals referred to disparagingly as "millionaires' row".

Ahrenshoop has 840 permanent inhabitants; Prerow about twice as many. Two beaches, each of which is unique in a different way, are Prerow's great attraction. The North Beach is very wide and five kilometres long, with a camping site accommodating up to 5,000 visitors in caravans and tents − probably the biggest site of its kind along the

Prerow, Schiffsmodell in der Seemannskirche

Prerow, Hafen

Pomeranian Baltic coast. The West Beach, by contrast, is a natural beach which can only be reached on foot or by bicycle along paths through the Darss Marsh Forest. Motorized transport is impossible. The people who prefer the nudist facilities of Prerow's West Beach are a completely different breed from the campers of the North Beach. These are two different kinds of holidays; basically, two different philosophies of life.

Prerow was originally laid out in such a way that the houses stood on top of the dune ridges while the hollows in between were generally meadows. For this reason the village stretched out over a large area. On both sides of the streets there were rows of houses. Until German reunification this pattern was still apparent. Since then, greedy speculators have built houses heedless of the overall plan.

Until the end of the nineteenth century Prerow had a harbour for sailing ships and there were small boatyards along the Prerow-Strom, which formerly connected the Bodden with the sea. With the rise of steamships the inhabitants turned to fishing. According to an old Baedeker, Prerow had almost 1,600 inhabitants in 1922. There are not many more than that now.

Prerow's church, built in 1726, is the oldest on the Darss. It is a massive red-brick building with an exterior bell tower in dark wood. The gravestones leaning against the church walls are incised with sailing ships or sailors' symbols for faith, hope and charity.

Tourists wishing to renew their faith while on holiday are probably struck less by the beautiful baroque altar than by the flotilla of carved sailing ships donated by local sea captains out of gratitude for their delivery from the raging elements.

Zingst, finally, with 3,200 inhabitants, is the biggest parish. It was once a village of fishermen and seafarers; today it has two camping sites and almost as many tourist beds as it has inhabitants.

Since German reunification a great deal has changed in these two villages but in Born, Wieck, Wustrow and elsewhere the same is true though the changes are not always and everywhere to the advantage of the original simple, rugged and often solitary landscape. Property speculation and the building boom have often shown little regard for what was there before.

Two big projects exercise the minds of coastal dwellers, not only in Fischland, Darss and Zingst. Firstly, the new piers. In German they are called *Seebrücken*, literally 'sea bridges', but bearing this appellation in mind they are a curious phenomenon. They are 'bridges' in the sea, not across it. In contrast to river bridges they are culs-de-sac. Those who walk onto them have to leave them at the same place, unless there is a boat tied up at the end of the pier that one can board and later disembark from at another pier. Since reunification, piers have been built in the new Federal State of Mecklenburg and West Pomerania almost everywhere where they had previously existed. Some had not survived the war. They now stand, amongst other places, in Zingst, Wustrow, Graal-Müritz and Prerow.

The lighthouse on Darsser Ort is a good hour's walk from Prerow though one can get there more quickly by horse and cart or bicycle. From the observation platform one has an excellent view all round and from a really high vantage point. To the south-west lies Rostock-Warnemünde, to the east the island of Hiddensee. Major project number one can be seen very clearly: the pier.

The huge extent of major project number two cannot be seen as a whole, not even from the air and with perfect visibility: the "West Pomeranian Bodden Region National Park". With over eight hundred square kilometres, it is the biggest site of its kind in East Germany. It includes an area east of Ahrenshoop; parts of the Darss; Zingst; Hiddensee; the western tip of Germany's largest island, Rügen; Bodden waters; and, the largest part, open sea. This is nature largely untouched by agriculture and mass tourism, a biotope with some very rare marine, coastal and land fauna, with trees, bushes, plants, marshes, salt meadows, silted-up lakes, dunes …

From the beginning, this gigantic project, the brainchild of the last GDR government, met with misunderstanding and opposition from vested interests. The locals grumbled: 'Everywhere will be fenced off again!' Local authorities feared that tourism would be restricted, leading to a loss of revenues. The few remaining Prerow fishermen tried to get assurances that they would be allowed to fish in the core zone of the National Park for the rest of their lives. A compromise had to be found with farmers whose cattle, sheep and horses grazed fields in the protected area. The shipping route into Stralsund harbour passes through the Park between the islands of Hiddensee and Bock. It is probably impossible to change this route.

Near Pramort, to the east of Zingst, there was a military firing range that was earmarked as a rocket-testing site for the Federal Army. This was in an area whose hinterland is a resting place for cranes – ten thousand of them are counted annually, almost the whole breeding population of the grey crane in northern Europe. After popular demonstrations these plans were shelved. This area needs the noise of weapons like a hole in the head and not only the cranes and ornithologists will have cause for gratitude.

As recent years have shown, the attraction of the Baltic coast is growing. Perhaps it will some day leave the North Sea coast far behind in the hearts of holidaymakers from all countries.

Prerow, Darß-Museum

Zingst, Heimatmuseum

List of photographs

Tourismusverbände / Kurverwaltungen

Tourismusverband Mecklenburg-Vorpommern e. V.
Hauptgeschäftsstelle
Platz der Freundschaft 1
18059 Rostock
Tel. (03 81) 40 30 5 00
Fax (03 81) 40 30 5 55
Internet: http://www.tmv.de

Tourismusverband Fischland-Darß-Zingst e. V.
Barther Str. 31
18314 Löbnitz
Tel. (0 38 24) 64 00
Fax (0 38 24) 64 0 34

Ostseebad Ahrenshoop
Kurverwaltung
Kirchnersgang 2
18347 Ahrenshoop
Tel. (03 82 20) 2 34
Fax (03 82 20) 3 00

Barth
Barth-Information
Lange Straße 16
18356 Barth
Tel. und Fax (03 82 31) 24 64

Born / Darß
Kur- und Tourist-GmbH Darß
Chausseestraße 75
18375 Born
Tel. (03 82 34) 2 08 oder 50 40
Fax (03 82 34) 2 80 oder 2 99

Ostseebad Dierhagen
Kurverwaltung
Ernst-Moritz-Arndt-Straße
18347 Dierhagen
Tel. (03 82 26) 2 01 (Fax 8 04 66)

Graal-Müritz
Kurverwaltung
Rostocker Str. 3
18181 Graal-Müritz
Tel. (03 82 06) 703-0 (Fax -26)

Ostseebad Prerow
Kurverwaltung
Gemeindeplatz 1
18375 Prerow
Tel. (03 82 33) 610-0 (Fax -20)

Ribnitz-Damgarten
Stadtinformation
Am Markt 1
18311 Ribnitz-Damgarten
Tel. und Fax (0 38 21) 22 01

Wieck / Darß
Kur- und Tourist-GmbH Darß
Bliesenrader Weg 2
18375 Wieck
Tel. (03 82 33) 2 01 (Fax 4 97)

Ostseebad Wustrow
Kurverwaltung
Strandstraße 10
18347 Wustrow
Tel. (03 82 20) 25-1 (Fax -3)

Zingst, Hafen

Am Strand

Ostseebad Zingst
Kur- und Tourismusbetrieb
Klosterstraße 21, 18374 Zingst
Tel. (03 82 32) 815-0 (Fax -25)

Museen / Ausstellungen

Heimatstube Graal-Müritz
Parkstr. 21
Tel. (03 82 06) 7 75 99

Freilichtmuseum Klockenhagen
Mecklenburger Straße 57
Tel. (0 38 21) 27 75

Bernsteinmuseum Ribnitz-Damgarten
Im Kloster 1–2
Tel. (0 38 21) 29 31 oder 46 22

Fischlandhaus Wustrow
Neue Straße 38
Tel. (03 82 20) 80 4 65

Neues Kunsthaus Ahrenshoop
Bernhard-Seitz-Weg 3a
Tel. und Fax (03 82 20) 8 07 26

Borner Forst- und Jagdmuseum
Alte Försterei, Chausseestraße 64
Tel. (03 82 34) 50 40 oder 2 42

Natureum Darßer Ort
Leuchtturm „Darßer Ort"
Tel. (0 38 23 39) 3 04

Darß-Museum Prerow
Waldstraße 48
Tel. (03 82 33) 6 97 50

Informationszentrum Wieck
Ortszentrum, in der Alten Schule
Tel. (03 82 34) 50 2-0

Heimatmuseum Zingst „Haus Morgensonne"
Strandstraße 19
Tel. (03 82 32) 1 55 61

Informationszentrum Sundische Wiese
Sundische Wiese bei Zingst
Tel. (03 82 34) 50 2-0

Buchhandlungen

Bunte Stube
Dorfstraße 24
18347 Ahrenshoop

„Wieland"
Nordische Buch- und Kunsthandlung
Bernsteinweg 2
18375 Prerow

Richard-Wossidlo-Buchhandlung
Langestraße 27
18311 Ribnitz-Damgarten

Bücherstube Fischland
Ernst-Thälmann-Straße 20
18347 Wustrow

Die Autoren

Richard Christ,
geboren 1931 in Speyer, wohnt seit 1955 in Berlin. Zunächst als Lektor tätig, arbeitet er seit 1971 als freischaffender Schriftsteller und Publizist, war u. a. bis 1993 fester Mitarbeiter der „Weltbühne". Für seine zahlreichen Bücher – erzählende Prosa, Satiren, Feuilletons, Reiseberichte – wurde er mehrfach ausgezeichnet, so 1974 mit dem Heinrich-Heine-Preis und 1988 mit dem Goethe-Preis der Stadt Berlin. Zusammen mit Peter Kühn veröffentlichte Richard Christ 1997 im Hinstorff Verlag den Band „Dessau und das Wörlitzer Gartenreich".

Ulf Böttcher,
geboren 1966, lebt und arbeitet als freier Fotograf in Potsdam. Von ihm erschienen im Hinstorff Verlag zahlreiche Bildbände, so zusammen mit Kathrin Wolff zu „Brandenburg" (1995), den „Havelseen" (1996) und über „Die Oder" (1997), mit Wilhelm Hüls zur „Bäderarchitektur" (1998), mit Ingrid Möller zu „Schwerin" (1998) und Roger Rössing über „Thüringen" (1996). Für die Reihe „Erleben Sie" fotografierte Ulf Böttcher „Rheinsberg und das Ruppiner Land" (1998), „Die Altmark" (1999, beide zusammen mit Bernd Siegmund) sowie „Ludwigslust und Umgebung" (1999, zusammen mit Jürgen Borchert).

Landschaft bei Barth

Die Meiningenbrücke, Verbindung der Halbinsel Darß und Zingst mit dem Festland bei Barth

Inhaltsverzeichnis